W0223396

LUCA CONTRO IL PORTIERE

Un emozionante libro per bambini sul calcio
sul coraggio, la fiducia in se stessi e lo spirito di squadra

Anna Ricci

QUESTO LIBRO APPARTIENE A...

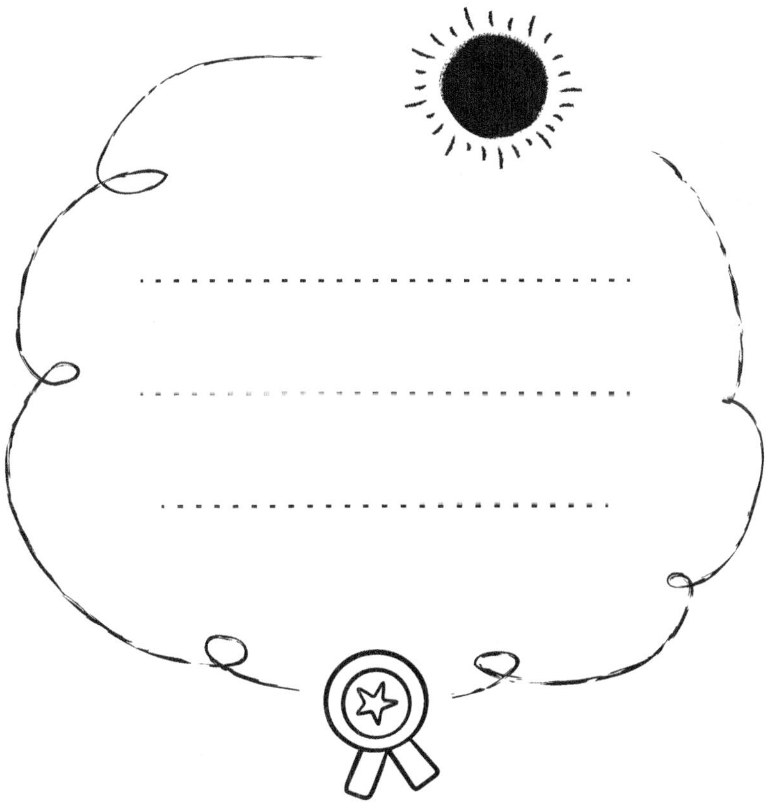

CONTENUTI

DAL CORTILE DELLA SCUOLA ALLA FORMAZIONE PER LA SELEZIONE

Era il tema principale nel cortile della scuola: quest'anno la squadra scolastica della Giambologna avrebbe finalmente partecipato al grande torneo e si sarebbe confrontata con altre squadre delle scuole vicine. Luca era stato inizialmente entusiasta quando aveva saputo che ci sarebbe stato un allenamento di selezione già la prossima settimana. Era sicuro che sarebbe stato selezionato per la squadra dal signor Moravia, l'insegnante di sport. Dopo tutto, in ogni minuto del suo tempo libero pensava a una sola cosa: calcio, calcio e ancora

calcio.

Insieme ai suoi amici, si trasformavano in Ronaldo, Messi o Maradona quando si trattava di giocare a calcio. Quante volte si era fermato sul prato dietro casa e aveva immaginato nella sua mente una finale di Coppa del Mondo? Ancora una volta segnava il goal all'ultimo minuto, convertendo o trattenendo il calcio di rigore decisivo. Era la sua vita, che si svolgeva lì, pomeriggio dopo pomeriggio e che condivideva con i suoi amici che, come lui, non avevano altro argomento che questo sport.

Purtroppo i suoi amici, anch'essi amanti del calcio, erano di un'altra scuola. Luca era anche molto popolare a scuola, ma lì il suo gioco preferito era solo un argomento marginale, quando parlava con gli amici. Così si era ritrovato all’allenamento di selezione senza i suoi compagni di classe preferiti. Anche Paolo, della classe parallela, era presente all'allenamento e i due si erano subito trovati bene. Luca poteva contare solo sulle sue capacità, quel giorno. Dribblava, passava, tirava e colpiva di testa con abilità, proprio come faceva con i suoi amici. Dopo l'allenamento, Paolo gli si era avvicinato e gli aveva

detto: "Ben fatto". Ti va di allenarci insieme per il torneo?". Luca aveva accettato subito e sembrava che stesse per iniziare un bel periodo, in cui avrebbe anche potuto mostrare le sue capacità con la squadra della scuola.

A casa, Luca aveva raccontato a suo padre dell'allenamento e dell'imminente compito di avere successo con la squadra della scuola al torneo. Naturalmente era molto orgoglioso di suo figlio, ma aveva anche detto una frase che aveva fatto riflettere Luca: "Se oggi hai segnato tanti goal, è fantastico. Ma nel gioco non sarà così facile, non importa quanto tu sia bravo". Luca non aveva capito bene e aveva chiesto subito: "Papà, cosa vuoi dire? Sai benissimo quanto gioco bene".

Quando il padre di Luca aveva annuito e gli aveva detto che era davvero un grande calciatore, lui ne era stato contento, ma capiva ancora meno cosa intendeva suo padre.
"È la pressione e l'eccitazione che ne derivano, Luca".

Luca non riusciva a credere che nelle prime partite importanti non avrebbe giocato bene come

faceva sempre con i suoi amici. Suo padre non aveva fiducia in lui? Nonostante il grande allenamento, quella sera si era recato pensosamente a letto. Ma un messaggio di Paolo lo aveva rincuorato prima di addormentarsi: "Grande partita, Luca!". Lo aveva letto e si era addormentato più rassicurato.

SONO BUONO IL
MODO IN CUI IO SONO

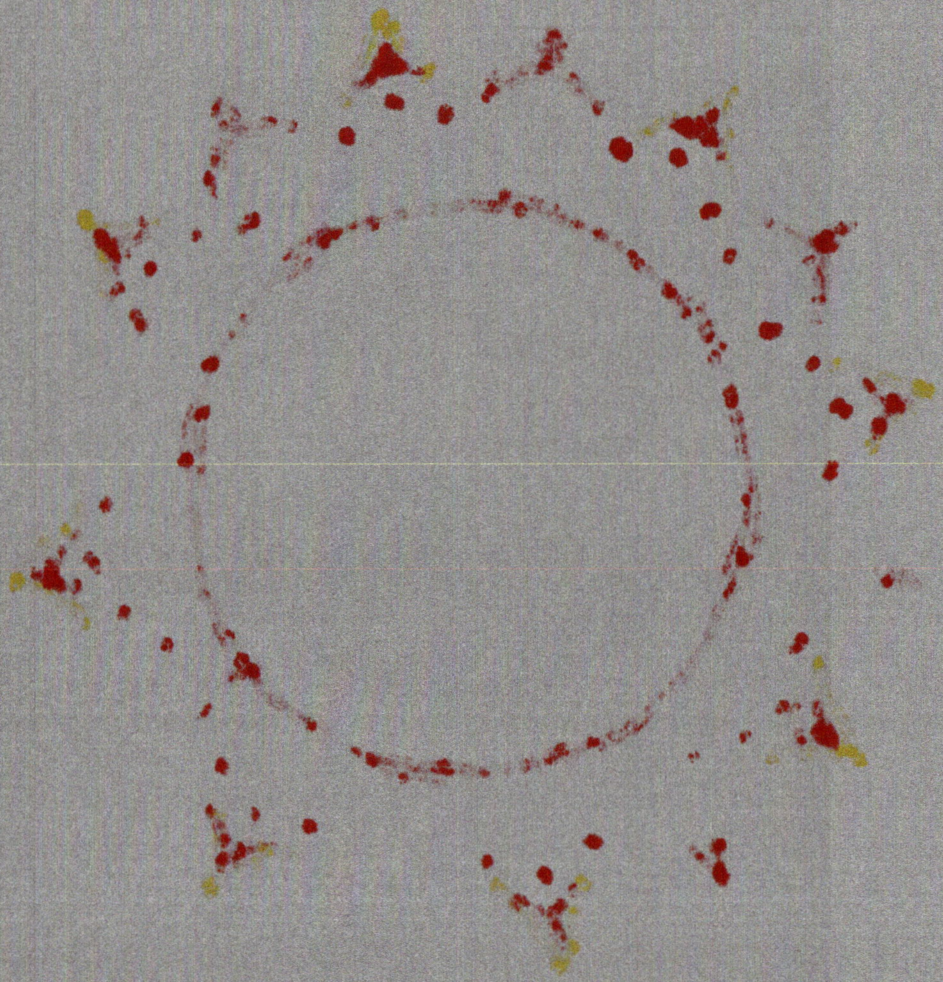

INVITO DI LUCA AL TORNEO

Era un momento strano dopo l'allenamento di selezione, che Luca aveva lasciato con una buona sensazione. Da un lato, era felice che tutto fosse andato così bene e, insieme a Paolo, già immaginava come sarebbe stato quando avrebbero gareggiato insieme per la scuola al torneo. Ma non riusciva nemmeno a togliersi dalla testa le parole di suo padre. Continuava a chiedersi perché giocare a calcio sarebbe diventato improvvisamente diverso da come era sempre stato. Dopo qualche giorno, il signor Moravia era in piedi nella classe di Luca. Oltre a quello di alcuni compagni di classe, aveva fatto anche il nome di Luca, che

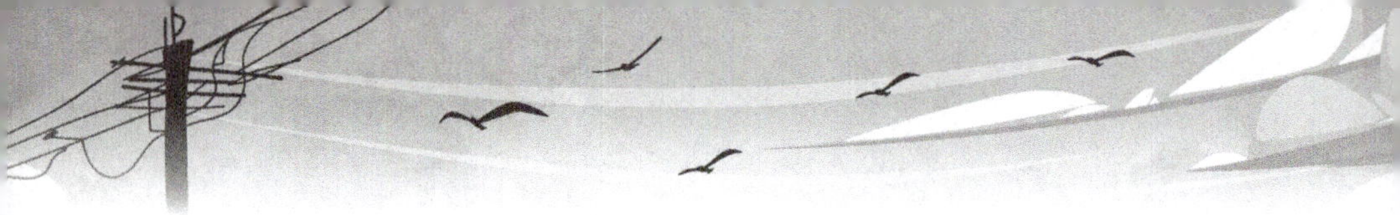

lo aveva convinto al provino e che avrebbe dovuto assolutamente giocare il torneo.

Ma prima del torneo, c'era ancora un po' di tempo a disposizione e la squadra della Giambologna voleva usarlo. Così avevano deciso di allenarsi insieme una volta alla settimana per avere davvero una possibilità di partecipare al torneo.

Dopo tutto, la scuola vicina, la Mantegna, era nota per avere tra le sue fila alcuni buoni calciatori. Il giorno dopo, avrebbe dovuto iniziare dopo le lezioni. I ragazzi selezionati si erano riuniti nel campo sportivo vicino alla scuola.

"Uff", aveva pensato Luca tra sé e sé, "sono tutti molto bravi a calciare. Aveva già notato molti dei suoi compagni di classe nel cortile della scuola e durante l'addestramento di selezione. All'allenamento di selezione, però, Luca aveva avuto la sensazione di essere uno dei più forti tra i tanti allievi presenti e quindi aveva potuto calciare abbastanza liberamente. Il signor Moravia aveva annunciato all'inizio che ci sarebbe stata

una breve riunione prima della formazione. Così i ragazzi si erano seduti in cerchio e avevano atteso le parole che il loro insegnante di sport e nuovo allenatore di calcio aveva da dire.

Le parole a seguire avrebbero dovuto far riflettere i ragazzi. Il signor Moravia aveva iniziato il suo primo discorso: "Ragazzi, quanti giocatori ci sono in una squadra?

"Undici", avevano gridato in coro i ragazzi. "E quanti di voi sono seduti davanti a me in questo momento?". Luca e Paolo avevano iniziato a contare e avevano notato che erano ben 18 bambini. "Diciotto", disse Luca. "Esatto, Luca!" rispose il signor Moravia.
"Questo significa anche che dovete continuare a dimostrare il vostro valore in allenamento per poter giocare effettivamente nel torneo. Dopotutto, vogliamo fare bene alla fine e i ragazzi della Mantegna sono in buona forma".

In quel momento Luca si era ricordato le parole di suo padre. Finora si era sempre limitato a calciare il

pallone. Di solito vinceva le partite che giocava con i suoi amici pomeriggio dopo pomeriggio e riusciva sempre a fare le cose più ingegnose con la palla. Ma aveva mai pensato a cosa poteva fare con la palla? Cosa sarebbe successo se qualcosa non avesse funzionato? Aveva guardato negli occhi gli altri ragazzi che ascoltavano incantati le parole dell'allenatore.

"Alla fine", aveva proseguito Moravia, "si tratta di essere ancora una squadra, perché è l'unico modo per avere una possibilità. Non deve essere così importante se stai giocando o se i tuoi compagni di squadra stanno combattendo per noi". Ora Luca era veramente in difficoltà. Anche lo sguardo di Paolo non prometteva nulla di buono. Come potevano questi ragazzi appassionati di calcio riuscire a impegnarsi completamente per i loro compagni di squadra, anche se dovevano lottare per lo stesso posto nelle partite di allenamento? Quando finalmente si era scesi in campo, i giocatori avevano in testa più domande che risposte.

SONO FELICE DI OGNI NUOVO GIORNO

LA PRIMA SESSIONE DI ALLENAMENTO, IL PORTIERE GIOVANNI E LUCA

Con un senso di nausea, Luca si era alzato e ai ragazzi era stato detto di riscaldarsi per primi. Poiché molti di loro giocavano a calcio nel club, sapevano esattamente cosa significasse. Avrebbero eseguito alcuni esercizi di corsa e poi avrebbero passato la palla avanti e indietro con un compagno. Paolo e Luca si erano subito scelti a vicenda. Proprio quando Luca cominciava a sentirsi di nuovo a suo agio, aveva chiesto: "In quale posizione preferisci giocare, Paolo?". La risposta di Paolo era stata: "In avanti e tu?".
"Anch'io", aveva risposto Luca.

Entrambi avevano sorriso, ma dopo un attimo di riflessione Luca si era reso conto che questo poteva significare che solo uno di loro avrebbe potuto giocare nel torneo maggiore e l'altro si sarebbe seduto sulla panchina delle riserve. Un'amicizia agli inizi presenta molti ostacoli e non ci si conosce ancora così bene come si potrebbe fare dopo molto tempo. Riusciranno Luca e Paolo a superare questa sfida?

Per il momento, Luca aveva deciso di concentrarsi completamente sull'allenamento. Era riuscito anche a giocare i passaggi a Paolo come faceva sempre quando giocava con i suoi amici. Poi aveva sentito la voce del signor Moravia che annunciava che era il momento degli esercizi di calcio in porta.

"Calcio di rinvio, finalmente", aveva pensato Luca. Dopotutto, è sempre stata la cosa che preferiva fare. Segnare goal ed esultare alla fine come i grandi dello stadio. Mentre si trovava nella fila formata dai ragazzi, aveva visto Giovanni, il portiere, che prendeva una palla dopo l'altra. Ora era il turno di Paolo. Aveva passato abilmente la palla al signor Moravia, che l'aveva

fatta rimbalzare con un semplice contatto. "Un passaggio perfetto", aveva pensato Luca, osservando Paolo che affondava abilmente il pallone. Giovanni, il portiere, non aveva avuto scampo ed era visibilmente irritato. Raggiante di gioia, Paolo era tornato indietro e, prima che Luca potesse scattare, il suo nuovo amico gli aveva sussurrato: "Puoi farcela anche tu, basta che tu creda in te stesso!

Era stato un momento particolarmente bello per Luca, che aveva sentito che Paolo poteva davvero diventare un buon amico per lui. Dopotutto, anche quest'ultimo sapeva benissimo che poteva essere solo uno di loro a giocare per la squadra nel torneo.
Luca aveva lasciato volare la palla al signor Moravia e lui non aveva mai avuto problemi a rimetterla a posto perfettamente. La corsa verso la palla, tuttavia, era stata una delle più lunghe che Luca avesse mai fatto. C'erano le parole di suo padre, quelle del signor Moravia e tanti pensieri a cui non aveva mai pensato quando giocava con i suoi amici. Aveva guardato in alto, negli occhi di Giovanni, il portiere. Raramente Luca aveva visto qualcuno così concentrato.
Giovanni era determinato a prendere la palla e Luca

sapeva che il primo tiro in allenamento con la squadra sarebbe stato speciale. Così aveva colpito bene la palla, l'aveva guardata volare con speranza e aveva sperato tanto che finisse in rete in un attimo. Il portiere era saltato via, si era tuffato con abilità e aveva intercettato il pallone. Lo sguardo di Luca era finito a terra, poi era tornato al portiere. Il portiere si era illuminato, aveva respinto la palla e gridato: "Dovrete fare di meglio per segnare un goal contro di me".
Luca sarebbe potuto scoppiare di rabbia. Come aveva osato Giovanni gridargli una cosa così stupida? Non poteva essere contento di avere la palla in mano e lasciarlo in pace? Con un cipiglio, Luca aveva raccolto la palla ed era tornato in riga.

"Su con la vita, Luca! Può succedere a chiunque", lo aveva richiamato Paolo. Gli altri ragazzi avevano annuito, ma non erano riusciti a rallegrare il giovane attaccante. Il signor Moravia aveva riunito nuovamente i ragazzi e spiegato che ora avrebbero giocato una partita di allenamento. La prima partita di allenamento è sicuramente importante quanto i primi passaggi e tiri, tutti i ragazzi erano d'accordo e ne erano sicuri.

Più e più volte durante l'addestramento, avevano guardato al signor Moravia per le azioni di successo o meno con il cuoio rotondo. Aveva sempre un'aria amichevole, ma i ragazzi sapevano bene che stesse anche pensando a chi far giocare per primo nel torneo. I ragazzi dovevano ora sfidarsi in una partita 9 contro 9. Ancora una volta, lo sguardo di Luca si era rivolto verso Giovanni, il portiere da cui si era tanto infastidito. Mentre molti dei giocatori avevano un sorriso sul volto di tanto in tanto, Luca non riusciva a vederlo su quello di Giovanni. Invece, sembrava che dovesse prendere il prossimo pallone da un momento all'altro, anche se al momento non c'era nessuna azione in allenamento. L'altro portiere, Giuseppe, invece, sembrava di buon umore e amichevole. Il signor Moravia aveva diviso le squadre e aveva mandato Luca nella stessa squadra di Giovanni. Naturalmente, avrebbe dovuto giocare in prima linea e fornire goal nella partita di allenamento. Sul lato opposto c'era il suo amico Paolo, anche lui di buon umore come attaccante della sua squadra. Luca non era affatto a suo agio con quella divisione delle squadre. Come poteva essere convincente ora? Paolo era in

ottima forma e sembrava totalmente sicuro di sé. Non c'era da stupirsi, dopotutto aveva appena segnato un vero e proprio goal da sogno in allenamento. Quando Giovanni si era diretto verso la porta e aveva sibilato a Luca: "Spero segnerai meglio ora!", era tutto finito. Luca aveva pensato di nuovo a suo padre e ormai sembrava capire esattamente cosa intendesse quando parlava della pressione che ora sarebbe stata esercitata su di lui.

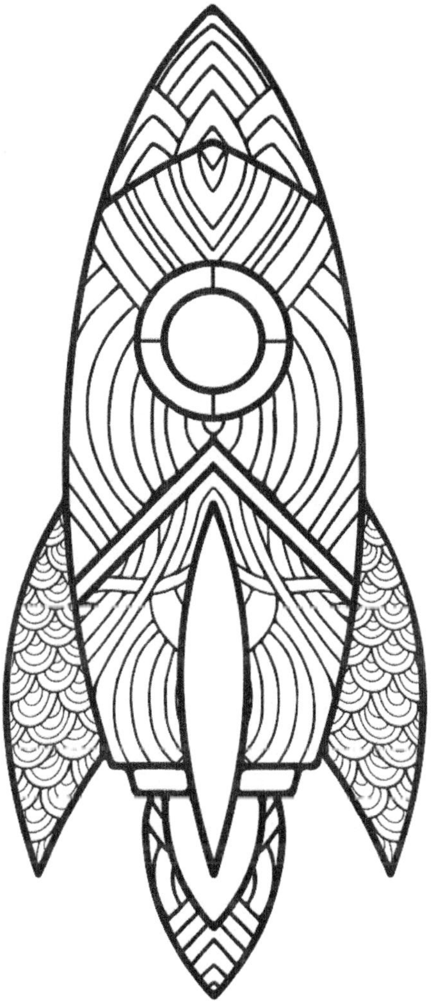

Posso fare quasiasi cosa
quello che voglio

LA PARTITA DI ALLENAMENTO E L'OBIETTIVO DI LUCA

Nella partita di allenamento, tutti coloro che avevano assistito e tutti coloro che avevano potuto giocare avevano capito che per i ragazzi della Giambologna si trattava di molto di più di una partita tra amici. Dopotutto, tutti volevano essere in campo al torneo. Si parlava poco, ma si correva, si passava, si tirava e si sperava che la propria squadra segnasse finalmente un goal. Anche Luca non parlava quasi mai, ma aveva tutti i pensieri in testa che lo accompagnavano durante la partita. Si sperava che con il prossimo goal avrebbe fatto una figura

migliore di quella che aveva fatto Giovanni. Riuscirà Luca a segnare in modo brillante come Paolo aveva fatto nell'allenamento precedente? Altrimenti, la sua squadra avrebbe avuto davvero bisogno di lui? Domande su domande si susseguivano nella sua mente, mentre cercava di concentrarsi solo sulla partita.

Entrambe le squadre avevano lottato duramente e poco prima della fine della partita di allenamento non era stata segnata alcuna rete, soprattutto grazie a Giovanni e Giuseppe che avevano parato in modo fantastico. Improvvisamente, però, la squadra avversaria si era disposta abilmente sull'ala. Una croce si era diretta perfettamente verso Paolo, il quale aveva preso la palla con il piede destro e l'aveva tirata dritta in rete. Mentre Luca si era limitato a schiacciare il pallone a terra, Giovanni, fuori di sé dalla rabbia, aveva gridato: "Perché nessuno lo copre? Per tutto questo tempo può sparare liberamente e nessuno mi aiuta?

Proprio in quel momento, il signor Moravia aveva gridato che la partita sarebbe dovuta durare solo altri 2 minuti. C'era solo il pensiero di dover

finalmente segnare un goal, altrimenti avrebbe potuto definire l'allenamento un completo fallimento. Dopo che la squadra avversaria era riuscita a tirare ancora una volta in area, ma Giovanni aveva trattenuto, aveva effettuato un calcio particolarmente lungo. Aveva gridato "Corri, Luca" e di certo la palla era arrivata fino a Luca, che era riuscito a scrollarsi di dosso il difensore e correre da solo verso la porta, dove si trovava Giuseppe. Luca aveva mirato all'angolo più lontano, tirato e colpito la palla non male, ma era stato davvero sufficiente per riuscirci finalmente?

Giovanni aveva saltato, si era allungato come se potesse crescere quanto voleva e aveva deviato la palla oltre la porta. Ancora una volta, lo sguardo di Luca era sprofondato verso il suolo, con le lacrime che quasi gli spuntavano sul viso. A quel punto il signor Moravia detto: "Grazie, ragazzi. Per oggi mi basta così!". Esultando, la squadra intorno a Paolo e Giuseppe aveva corso insieme ed era stata felice di aver avuto successo nella prima partita di allenamento.

Luca, invece, camminava in silenzio e a testa bassa verso il cerchio che i ragazzi avrebbero dovuto

formare intorno al signor Moravia dopo l'allenamento, che li aveva ringraziati per la formazione e aveva detto di aver già visto molte cose belle. "Non vediamo l'ora di partecipare al torneo. Tra l'altro, al torneo parteciperanno in totale quattro scuole e noi potremo giocare una volta contro ciascuna di esse. Prima giochiamo contro la Carl Marx, poi la Luigi XIV e infine la Mantegna. Come sapete, la Mantegna ha vinto il torneo in serie negli ultimi anni e anche quest'anno è molto brava. Ma dobbiamo essere fiduciosi e soprattutto restare uniti, così avremo una possibilità".

Annuendo, i 18 ragazzi si erano stretti intorno al signor Moravia, sembrando decisi a diventare i vincitori del torneo delle scuole. Il vincitore del torneo poteva finalmente definirsi campione cittadino e partecipare ai campionati statali. Prima che il signor Moravia si congedasse dai suoi protetti per la serata, aveva detto: "A proposito, bel goal, Paolo. Non tutti avrebbero segnato così. Abbiamo un grande attaccante tra le nostre fila". Paolo era raggiante e mentre lui sembrava felice, Luca sembrava depresso.

Così i ragazzi avevano preso strade diverse e Paolo aveva

raggiunto Luca. Per quanto gli piacesse, quest'ultimo non poteva sopportare il fatto che oggi fosse stato l'attaccante migliore.
"Beh, superstar, sei orgoglioso di te stesso?", aveva chiesto Luca con rabbia. "Che ti prende?", aveva risposto Paolo. Luca aveva esordito: "Beh, da come il signor Moravia ti ha appena elogiato, non ho nemmeno più bisogno di venire agli allenamenti e di certo non al torneo. Quindi divertitevi!". Con queste parole, Luca aveva assunto un passo più veloce e si era incamminato da solo verso lo spogliatoio e poi verso casa.

Paolo era un po' infastidito dal fatto che Luca lo trattasse così, ma forse poteva anche capirlo un po'. Se fosse stato il contrario e Luca avesse fatto un ottimo allenamento, avrebbe potuto anche trovare difficile essere contento di lui. Da vero amico, Paolo lo sapeva e aveva deciso di lasciare Luca in pace per il momento.

sono Un regalo
Per questo mondo

DISCORSO PADRE-FIGLIO

Quando era arrivato a casa, Luca era ancora arrabbiato e frustrato per l'allenamento, per Giovanni che lo aveva trattato in modo così poco gentile, per il signor Moravia che aveva elogiato Paolo e soprattutto per se stesso. Il padre di Luca aveva voluto subito sapere come fosse andato l'allenamento, ma all'inizio il figlio era riuscito a dire solo poche parole: "È stato il primo e l'ultimo allenamento per me".

"Ma perché?" aveva chiesto sorpreso il padre.

"Perché non avrò comunque la possibilità di giocare, da come il signor Moravia parla di Paolo.

È comunque l'attaccante migliore. Inoltre, lì non gestisco nulla di quello che gestisco con i miei amici e non è così divertente!".

Queste parole erano state assimilate. Il padre di Luca era rimasto seduto perplesso e aveva incoraggiato il figlio a raccontargli l'allenamento fin dall'inizio. Forse, si era detto, avrebbero potuto trovare una soluzione per rendere l'allenamento divertente e Luca avrebbe potuto partecipare al torneo. Luca non ne aveva molta voglia, ma sapeva bene quanto fosse importante che suo padre lo aiutasse, se possibile.
Inoltre, aveva funzionato molto bene alcune volte in passato. Così aveva deciso di fare almeno un tentativo. A un certo punto Luca aveva detto: "Sai che l'altro giorno non ho capito cosa volevi dire?".
"Cosa intendevo dire?", aveva risposto il padre.
"Beh, quando hai detto che sarebbe stato diverso giocare a calcio ora. È diverso dal giocare con i miei amici al campo o al parco. Ma durante la formazione è stato davvero diverso. Non ero libero come al solito e in qualche modo avevo più paura che qualcosa non funzionasse, che fiducia nel successo".

Il padre di Luca aveva annuito in segno di comprensione, elaborando risposta più lunga che aveva chiesto a Luca di ascoltare attentamente.

"Luca, sei un grande calciatore, l'ho visto quando giocavi con i tuoi amici. Ma è diverso quando sai che le tue prestazioni vengono giudicate e che sei in competizione con altri ragazzi. È particolarmente difficile quando ti piacciono anche questi ragazzi. Proprio ieri mi hai detto quanto vai d'accordo con Paolo, vero?".

"Sì, è così", aveva risposto"Luca".

"Come pensi che si sentano gli altri ragazzi che sono in squadra con te e che lottano per entrare in campo alla fine? Si sentiranno come voi e sperano tutti di ottenere il posto. Ma per passare, sono necessarie due cose. Quale delle due vuoi che ti dica per prima?".

Luca ci aveva pensato per un attimo e poi aveva detto: "In fondo siamo una squadra, quindi vorrei sapere di cosa abbiamo bisogno tutti". "Avete bisogno di stare insieme, Luca. Solo insieme avrete successo nel torneo. Per questo è importante che tutti i 18 bambini che possono giocare con voi facciano di tutto per

vincere. Chi siede in panchina come riserva e non può giocare, può comunque essere importante. Forse viene sostituito e ottiene un'occasione speciale nel corso della partita. Oppure è importante nel riscaldamento per incoraggiare gli altri giocatori. È un compito difficile, Luca. Sei deluso e devi comunque essere presente per la squadra. In questo modo si ottiene molto. Lo capisci?"
"Sì, credo di aver capito, ma può funzionare?" aveva chiesto Luca con scetticismo. "Le migliori squadre del mondo lavorano esattamente così. Guardate il Bayern Monaco, il Real Madrid o altri top club. Ci sono così tanti buoni giocatori che non è possibile utilizzarli tutti. Quindi anche il migliore di loro a volte deve scivolare nel ruolo che ti ho appena spiegato", era stata la risposta del padre.

Luca aveva annuito. Capiva cosa volesse dire suo padre, ma non riusciva ancora a farselo piacere. Naturalmente per lui era importante ottenere il massimo successo al torneo. Se riuscissero davvero a vincere contro la Scuola Mantegna, ci sarebbe sicuramente una grande festa alla cerimonia di premiazione e forse anche il preside verrebbe a congratularsi con loro. Ma Luca avrebbe avuto una vera e propria parte e avrebbe potuto gioire

adeguatamente se non fosse stato uno dei giocatori che hanno deciso le sorti della partita? Non era sicuro.

Poi si ricordò che suo padre aveva annunciato che gli avrebbe anche detto esattamente di cosa aveva bisogno ogni singolo componente della squadra. "Papà, di cosa ho bisogno esattamente per poter giocare agli allenamenti e al torneo come faccio con i miei amici?", aveva chiesto quindi curioso e impaziente. "Coraggio e fiducia in se stessi!" era stata la breve risposta del papà di Luca. Dopo una breve domanda, aveva iniziato a spiegare la sua risposta, così breve che Luca si era limitato a continuare a guardarlo sperando che ci fosse qualcosa di più a seguire.

"Luca, devi avere fiducia nelle tue capacità. Alla fine, giocare a calcio con gli amici è esattamente come giocare quando si è in allenamento e si sa che il signor Moravia ci guarda. Giocare con gli amici è addirittura la base del gioco. Qui avete imparato ad entrare in campo con gioia e ad amare la palla. Ci pensi spesso quando giochi contro i ragazzi e hai la possibilità di segnare un goal?".
"No, non proprio", aveva

risposto Luca.

"Beh", aveva continuato il padre, "vedi? Non si pensa perché si ha fiducia di prendere la decisione giusta. Spesso il primo pensiero è proprio quello giusto e porta al successo. È un grande onore che il signor Moravia abbia scelto proprio te per far parte della squadra. Siete autorizzati a rappresentare la scuola Giambologna al torneo e a lottare per la vittoria in suo nome. Cercate di vederlo come una gioia e non come un peso. La prossima volta che vi allenate, provate a immaginare di essere in campo e di calciare. Per quanto possa essere difficile all'inizio, prima o poi ci riuscirete. Allora avrete la fiducia in voi stessi e il coraggio necessario per dare il meglio di voi.

In effetti, Luca si rese improvvisamente conto che si trattava praticamente dello stesso gioco. Qual'è la differenza tra un prato e un campo da calcio? Alla fine, due squadre giocano per due obiettivi e vogliono segnare più goal dell'avversario. Posso farlo e posso farlo nella squadra della scuola! Questa era la ferma convinzione di Luca, mentre rifletteva più a lungo sulla risposta del padre.

Aveva ringraziato ed era andato via, sentendosi meglio, anche

se qualcosa lo preoccupava ancora. Ma poiché i padri e le madri possono vedere qualunque cosa sulla punta del naso dei loro figli, il papà di Luca aveva subito chiesto: "Luca, cos'altro succede?

"Sono stato ingiusto e cattivo con Paolo. Credo che non voglia più essere mio amico", era stata la risposta sincera di Luca. Così come erano state chiare le precedenti risposte del padre, lo era anche il consiglio che ora poteva dare a Luca: "Luca, parlagli sinceramente e digli che sei rimasto deluso, che non ti sentivi bene. Dite anche che ti dispiace e che vuoi essere suo amico. Dopo tutto quello che mi hai detto su Paolo, capirà". Entrambi avevano annuito di nuovo l'uno all'altro, come solo una vera squadra fa, e Luca era andato a letto. Almeno una decisione l'aveva già presa: Voleva provarci e dare il massimo nelle prossime sessioni di allenamento.

avere mamma e papă
amami infinitamente

PAOLO E LUCA RESTANO UNA SQUADRA

Il mattino seguente, Luca aveva deciso che avrebbe cercato di parlare con il suo nuovo amico. Si era già affezionato troppo a lui ed era troppo irritato con se stesso e con il suo comportamento di ieri. Era stato bello vedere suo padre prima di uscire per andare a scuola, lui gli aveva rivolto uno sguardo significativo prima di andare al lavoro. "Ricordati, Luca, che il coraggio non serve solo per il calcio. A volte è importante anche per una conversazione con una persona cara". Non era quello che aveva fermamente deciso di fare ieri? Essere coraggioso nell'affrontare i compiti che doveva svolgere.

Era quindi giunto il momento di dimostrare per la prima volta

a scuola che aveva preso a cuore le parole di suo padre. Durante le prime lezioni, Luca non riusciva a concentrarsi, perché aveva sempre in testa di voler parlare con Paolo. All'uscita e nel parco giochi, non si era accorto più delle conversazioni dei compagni di classe. Voleva andare subito da Paolo e scusarsi con lui. Era troppo importante per lui non mettere a repentaglio la nuova amicizia e dimostrare di essere un buon giocatore di squadra.

In effetti, aveva visto Paolo relativamente presto e si era diretto verso di lui. I pochi metri che lo separano da lui, tuttavia, erano stati tutt'altro che facili per Luca. Tanti pensieri gli passavano per la testa e si chiedeva come avrebbe reagito Paolo adesso. Lo avrebbe mandato via con rabbia e avrebbe detto che non voleva più parlargli? Avrebbe detto che si era sbagliato su di lui e che era contento di sapere ora quanto Luca potesse essere cattivo? Oppure gli avrebbe detto apertamente che d'ora in poi l'unica cosa che gli interessava era giocare davanti per la squadra? Poco prima di farlo, Luca aveva azzardato uno sguardo verso Paolo, con sua grande sorpresa, il suo compagno d'assalto gli aveva sorriso in modo peccaminoso.

"Ehi Luca, è bello vederti", erano state le parole di Paolo, che avevano fatto piacere ma anche sorpreso Luca. "Lo pensi davvero? Non sei arrabbiato perché ieri sono stato così cattivo con te?", aveva chiesto Luca, un po' sorpreso. Ma Paolo era calmo e aveva risposto: "Tutti abbiamo giornate storte. Ho visto esattamente quanto eri arrabbiato per l'occasione mancata. Sono certo che il signor Moravia voglia che facciamo la migliore prestazione possibile, ma è anche una grande pressione e stress quando si sa esattamente che si deve arrivare in cima. Non mi sento diverso, Luca. Ieri sono stato solo più fortunato con i miei tiri, ma tu sai bene quanto me che sei un grande calciatore e un super attaccante. Sono contento che tu sia venuto a parlarmi subito oggi", aveva risposto Paolo, e il cuore di Luca era caduto a seguire.

Quando aveva iniziato col dire: "Sono venuto anche per scusarmi...", Paolo lo aveva interrotto dicendo: "Non devi scusarti". Tu ti sei arrabbiato e io mi sono trovato nel posto sbagliato. Dopotutto, gli amici non dovrebbero essere in grado di arrabbiarsi e sfogarsi ogni tanto?". Entrambi si erano sorrisi a vicenda. Ma

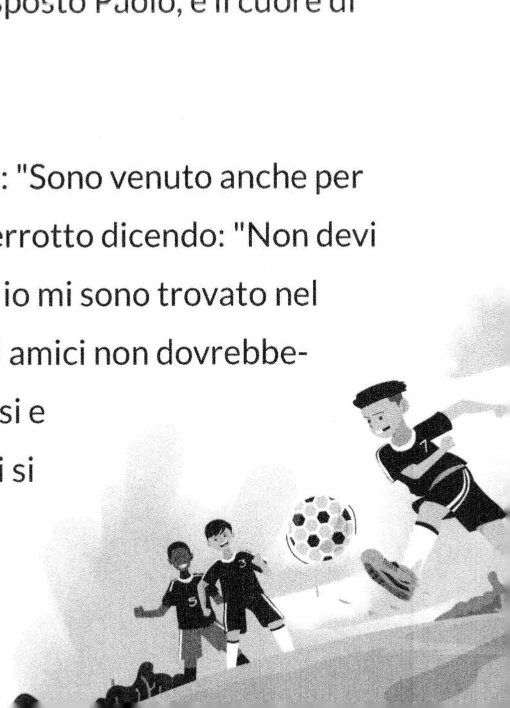

una domanda era ancora presente nella stanza e sembrava frapporsi tra i ragazzi che avrebbero dovuto andare a caccia di goal per la Giambologna. Si trattava di capire se Luca volesse davvero lasciare la squadra ora e non partecipare al torneo. Entrambi sembravano saperlo molto bene, eppure avevano parlato prima di altre cose. Forse Paolo aveva semplicemente paura di dover andare da solo alla prossima sessione di allenamento. La campanella aveva suonato per la fine della pausa ed entrambi sapevano che ora dovevano tornare alle loro lezioni. Ma non potevano andarsene senza parlarne. Così Luca si era rincuorato e aveva salutato: "Ci vediamo domani, all'allenamento, dai". La giornata era ormai salva per entrambi gli attaccanti ed entrambi non vedevano l'ora che arrivasse il giorno dopo per allenarsi.

Quando Luca era arrivato al campo, era ancora un po' troppo presto. Si era affrettato a fare un supplemento di lezione e voleva essere ben preparato quando sarebbe sceso in campo. Dopotutto, da oggi in poi, si trattava di giocare con coraggio e di essere presenti con fiducia per il successo della squadra scolastica. C'era solo un compagno di squadra, che stava già

aspettando. Ma Luca non poteva essere davvero contento vedendo Giovanni seduto sui gradini davanti agli spogliatoi. La rabbia per il suo comportamento nell'ultima sessione di allenamento era ancora troppo forte, anche se non voleva parlarne con lui. Così Luca si era fermato per prima cosa a pochi passi da lui e aveva finto di essere piuttosto impegnato nell'osservare l'ambiente circostante, che però non aveva molto altro da offrire oltre al campo sportivo vuoto e agli alberi tutt'intorno.

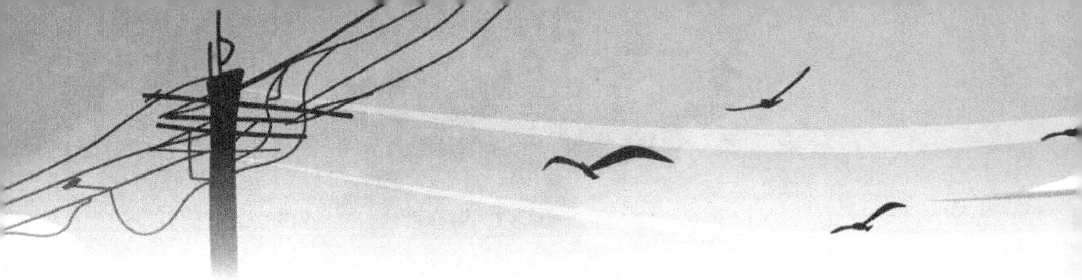

mi fido di me
anche

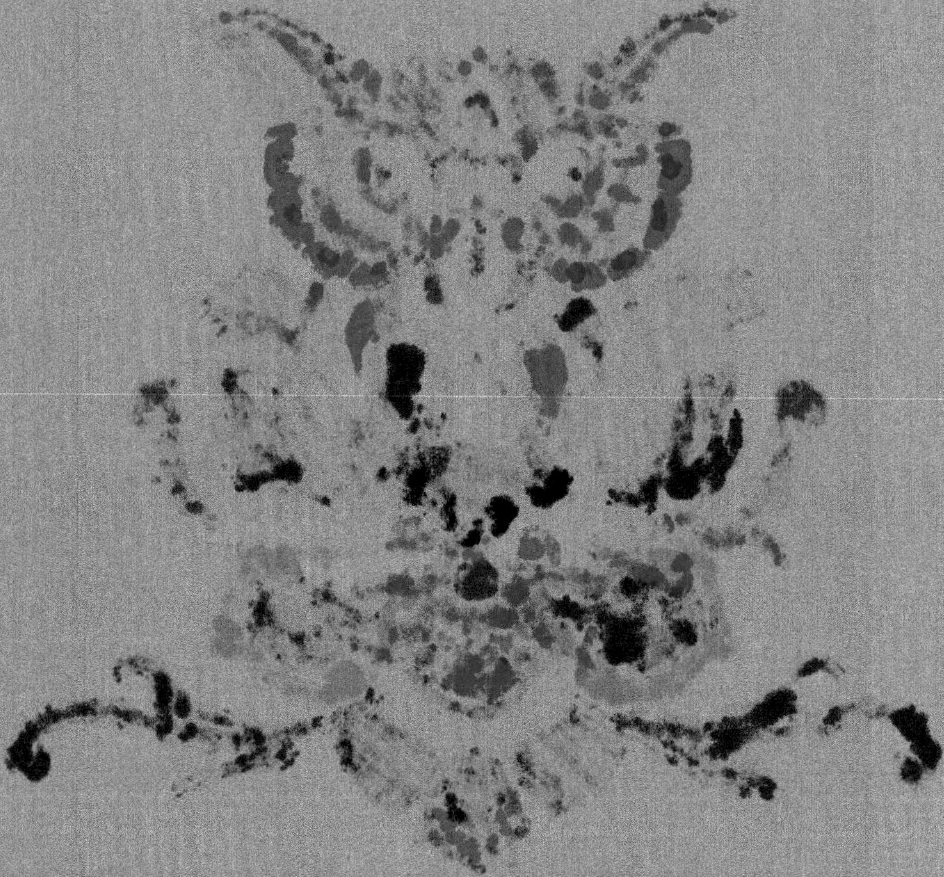

UNA SVOLTA SORPRENDENTE

Luca era rimasto un po' sorpreso quando Giovanni lo aveva salutato e gli aveva chiesto di sedersi con lui. Per non rimanere seduti in silenzio l'uno accanto all'altro, Luca aveva chiesto: "Non vedi l'ora di allenarti?".

Giovanni aveva risposto: "Vorrei poter essere semplicemente felice".

"Che cosa intendi dire?", aveva chiesto Luca incuriosito. Giovanni sembrava davvero triste e aveva risposto: "Penso solo a non commettere errori. Come portiere, sei un pazzo se sbagli anche solo una volta. Avete già subito un goal e tutti vi guardano. Poi c'è Giuseppe, che è stato molto bravo nel primo allenamento.

Sai, mi piace davvero, ma non posso più mostrarlo in allenamento. Invece, sono sempre così ostinato e penso di non poter andare d'accordo con altri giocatori che sono miei concorrenti e vogliono giocare nella mia posizione. A volte mi chiedo se mi piace giocare a calcio.

Prima, quando calciavo solo con gli amici, mi divertivo senza sosta".
Luca aveva annuito con impazienza e aveva assicurato a Giovanni che sapeva esattamente cosa intendeva. Era giunto il momento di raccontargli la conversazione con suo padre. Così, in pochi giorni, Luca era passato dall'essere l'allievo di suo padre che aveva ricevuto un messaggio importante da lui a colui che era stato autorizzato a trasmettere questo messaggio a un compagno di gioco.

"Sembra che tu abbia un padre fantastico, lo proverò subito", aveva risposto Giovanni mentre gli altri si stavano già avvicinando. "Non mi sono comportato bene con te nemmeno durante il primo allenamento. Spero che ora capiate perché mi sono comportato così. La mia rabbia, che a volte ho in questo tipo di allenamento, doveva uscire fuori e tu sei stato lo

sfortunato compagno di squadra che ho colpito. Mi dispiace per questo". "Non c'è problema", aveva risposto Luca, aggiungendo: "Ho commesso un errore simile, che ci crediate o no. Alla fine dobbiamo essere una squadra o volete che la Scuola Mantegna vinca di nuovo la coppa e sia su tutti i giornali?". Giovanni non aveva dovuto neanche rispondere e Luca aveva capito che erano d'accordo.

Quando il signor Moravia era arrivato e aveva sbloccato le cabine, Luca aveva potuto prepararsi con una sensazione completamente diversa dalla prima volta. Era sicuro di avere un vero amico al suo fianco in Paolo. Anche se avrebbero voluto giocare nella stessa posizione e non sapevano se sarebbe stato possibile per entrambi, sapevano di dover essere presenti l'uno per l'altro e volevano dare tutto per la squadra. Giovanni si era anche avvicinato molto a Luca, lo capiva ed entrambi non vedevano l'ora di allenarsi.
Nel complesso, l'umore dei calciatori della Giambologna sembrava buono, perché sapevano che il momento sarebbe arrivato presto. Nello spogliatoio si sentivano frasi come "La prossima settimana

dimostreremo a quegli snob della Scuola Mantegna che anche noi sappiamo giocare a calcio". Il signor Moravia aveva quasi dovuto fermare i ragazzi quando aveva detto: "Siete davvero motivati e questo è un bene, ma solo insieme riusciremo ad avere una possibilità contro le altre squadre. Ricordiamo inoltre che non giochiamo solo contro la Scuola Mantegna. Se perdiamo le prime partite, non ci servirà a nulla vincere contro l'avversario preferito. Quindi dobbiamo essere concentrati fin dall'inizio e prendere sul serio ogni avversario. Ribadisco inoltre che avremo bisogno di tutti voi in egual misura. Ognuno di noi è importante per la squadra e quando sostituiamo, dobbiamo poter contare su di voi per fare tutto per la squadra e per la nostra scuola".

I ragazzi non avevano dubbi che questa sfida sarebbe stata vinta. In effetti, era stato un ottimo allenamento. Tutti avevano dato il massimo e soprattutto si era notato che la squadra si era sostenuta a vicenda.

C'erano Luca e Paolo, che ancora una volta avevano dovuto giocare in squadre diverse nella partita di allenamento, ma si erano elogiati a vicenda in seguito per le grandi azioni e i goal. Anche Giovanni

aveva mostrato il suo rispetto per i salvataggi di Giuseppe, che si era compiaciuto e aveva ricambiato gli elogi. Sembrava che tutti avessero sentito il padre di Luca parlare di come sarebbe stato possibile avere successo solo come squadra e sconfiggere le altre scuole. Come se tutti i 18 ora sapessero che alla fine sarebbero stati importanti per la comunità e per il successo. Ovviamente, il signor Moravia era molto soddisfatto della sua squadra, che aveva richiamato nuovamente per una riunione dopo la sessione di allenamento.

"Vi è piaciuto l'allenamento di oggi?" aveva chiesto il signor Moravia e i bambini erano sembrati inizialmente sorpresi. Come insegnante esperto, aveva notato questo fatto e aveva aggiunto:

"Voglio che pensiate da soli a ciò che è stato buono e a ciò che non è stato ancora buono". Nel gioco, dovrete prendere voi stessi le decisioni giuste. Per questo è importante che abbiate fiducia in voi stessi e che abbiate fiducia l'uno nell'altro". I primi bambini avevano annuito per rispondere alla domanda del signor Moravia e tutti erano molto soddisfatti di come era andata

la formazione. Paolo era andato al sodo con la sua risposta e aveva detto quello che molti pensavano in questa situazione: "Penso che siamo già diventati una vera squadra. Che fossimo tutti in grado di giocare un buon calcio, lo abbiamo visto nel primo allenamento e in quello di selezione, ma oggi è stato ancora più divertente. Se ci aiuteremo a vicenda in questo modo anche al torneo della prossima settimana, allora potremo davvero vincere".

Il signor Moravia aveva annuito e detto che Paolo aveva appena detto esattamente ciò che aveva notato anche lui. Ciò che era stato annunciato in seguito ha reso l'attesa per il torneo ancora più grande: "Non solo giocheremo un grande torneo la prossima settimana, ma potremo anche giocare nello stadio del club locale. Poiché questa è l'edizione dell'anniversario dei campionati scolastici, la città ha deciso di farci giocare nello stadio e di incoronare qui il campione scolastico di quest'anno". Quando il signor Moravia aveva pronunciato queste parole, i ragazzi si erano guardati con occhi spalancati e bocca aperta. Era stato il sempre-serio Giovanni a trovare per primo l'unica parola che tutti sentivano.

"Urrà!" risuonò presto da 18 bocche in tutta la piazza.

Questa volta Luca e Paolo avevano percorso tutto il tragitto insieme e sembrava che la loro giovane amicizia fosse già cresciuta nel corso di molti anni. "Tu Paolo", aveva detto Luca, "ho un'ottima sensazione riguardo al torneo". "E anch'io", aveva potuto solo rispondere Paolo prima che si separassero per la giornata. Il padre di Luca non aveva nemmeno chiesto a casa come fosse andata la giornata e l'allenamento, perché l'aveva già capito dal volto felice del figlio, come spesso fanno i genitori.

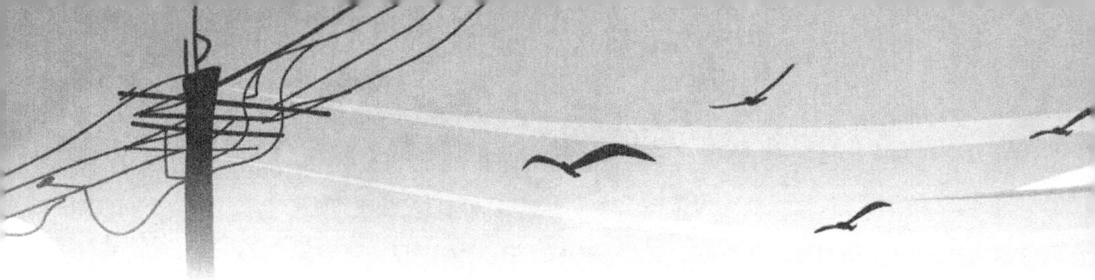

io sono forte
e coraggioso

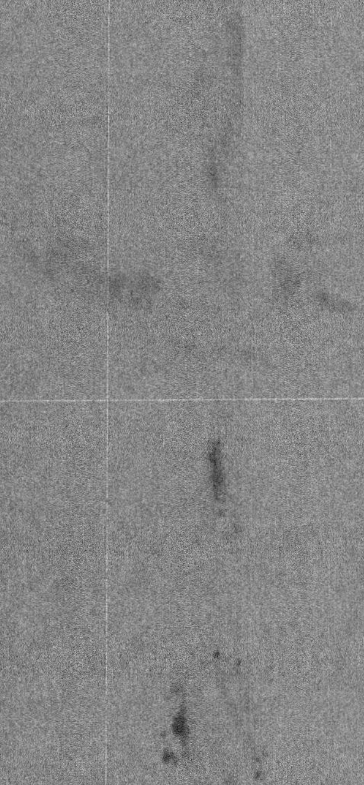

io sono forte
e coraggiosa

IL GRANDE TORNEO NELLO STADIO DELL'ASSOCIAZIONE LOCALE

Il fine settimana prima del grande torneo era stato tranquillo. Luca non aveva voglia di fare molto. Era troppo preoccupato per il torneo. Il suo momento migliore era parlare con Paolo al telefono ogni sera. Avevano immaginato come sarebbe stato entrare nello stadio e festeggiare una vittoria. Finalmente era arrivato il giorno del torneo. Il signor Moravia aveva incontrato i suoi ragazzi davanti allo stadio e aveva detto che tra poco ci sarebbe stata una piccola cerimonia di apertura. Così erano entrati tutti insieme nello stadio ed era stato loro permesso di sedersi sul prato verde, che

molti di loro avevano spesso ammirato dagli spalti. Un signore che si era presentato come l'organizzatore aveva preso il microfono che di solito era gestito dallo speaker dello stadio e aveva dato un caloroso benvenuto a tutte le squadre.
In quel momento, i ragazzi della Giambologna, che fino a quel momento erano stati completamente assorti nei loro pensieri, avevano colto l'occasione per lasciare che i loro occhi vagassero per la prima volta. C'erano le squadre della Scuola statale S.Giorgio, della Luigi XIV e, naturalmente, della Scuola Mantegna, ed era evidente che tutte fossero altrettanto convinte di vincere oggi. Ma a Luca era sembrato di scorgere un po' di nervosismo in una faccia o nell'altra. Si era reso conto che i bambini dovevano provare gli stessi sentimenti suoi e dei suoi compagni di squadra.

"Ora annuncerò il programma delle partite", aveva detto l'oratore interrompendo gli sguardi dei ragazzi e aveva continuato: "Inizieremo con la partita tra la scuola Giambologna e la scuola S. Giorgio. Successivamente, la Luigi XIV giocherà contro la scuola Mantegna. Prima di continuare con S. Giorgio contro Mantegna, seguiti da Giambologna contro Luigi XIV, è prevista una breve pausa. Infine, la Scuola S. Giorgio giocherà

contro la Luigi XIV e la Giambologna potrà tentare la fortuna contro la Mantegna. Auguro a tutte le squadre un grande successo e, soprattutto, partite corrette e tanto divertimento!".

Tutti i bambini e gli insegnanti avevano applaudito e si erano diretti verso gli spogliatoi. Mentre i ragazzi si cambiavano l'ambiente era molto più silenzioso del solito perché tutti erano molto concentrati. Subito dopo, il signor Moravia era entrato nello spogliatoio e aveva iniziato il suo discorso: "Ragazzi, se c'è una cosa importante oggi è non avere paura e avere fiducia in noi stessi. Tutte le cose che abbiamo discusso durante la formazione. Tutti voi ricordate quanto sia importante lavorare in squadra. Durante la nostra ultima sessione di formazione, lo avete fatto molto bene. Ma oggi è importante dimostrare che siete davvero una grande squadra. Io, per esempio, ne sono convinto. Passiamo alla nostra formazione. Subito dopo, vorrei dirvi che Giovanni e Giuseppe mi hanno convinto. Per questo motivo giocheranno entrambi. Giovanni partirà titolare nella prima partita, Giuseppe giocherà la seconda e nella terza giocheranno entrambi un tempo". Annuendo, Giovanni aveva guardato Giuseppe e gli aveva augurato

a gran voce: "Buona fortuna, Giuseppe. Ce lo meritiamo".

Poi aveva strizzato l'occhio a Luca ed entrambi avevano capito esattamente a quale conversazione stavano pensando. Il signor Moravia aveva continuato: "Questo è esattamente l'atteggiamento giusto che i nostri portieri stanno mostrando qui in questo momento. Sono entrambi di buon umore e faranno di tutto per tenerci le palle. Voglio continuare...". Il signor Moravia aveva nominato i difensori e il centrocampo. Aveva deciso di adottare un sistema 4-5-1. Tutti sapevano che l'Italia era diventata campione del mondo nel 2006 proprio con questo sistema di gioco, anche se i ragazzi erano molto piccoli. Ma questo significava anche che era rimasto un solo posto per un attaccante, che il signor Moravia avrebbe annunciato ora.

"Paolo gioca davanti", aveva detto infine il signor Moravia. La testa di Luca si era diretta verso il suolo, ma si era reso subito conto che quella era la situazione in cui doveva ricordare le parole di suo padre. Così aveva alzato la testa e si era sforzato di fare un cenno verso Paolo, proprio come Giovanni aveva appena indicato a Giuseppe. Naturalmente c'era stata stata la delusione, ma non era vero che ogni giocatore sarebbe stato

importante e che bisognava arrivare al successo come una squadra? Se avesse dubitato di se stesso ora, non sarebbe stato in grado di entrare in campo con la giusta fiducia quando la sua squadra avrebbe avuto bisogno di lui.

A quel punto la situazione si era fatta seria, la squadra era uscita in stadio ed era scesa in campo. Tutti insieme avevano fatto un cerchio e avevano promesso di essere presenti l'uno per l'altro e di non rimproverarsi a vicenda se qualcosa non avesse funzionato. La squadra della Scuola S. Giorgio si era posizionata nell'altra metà del campo e aveva fatto lo stesso. Nel frattempo, le altre due squadre si erano messe comode sugli spalti per osservare gli avversari delle altre partite. Luca si era diretto velocemente verso la panchina dopo il cerchio ed era nervoso come lo sarebbe stato se avesse dovuto giocare la partita. Il signor Moravia aveva applaudito di nuovo tutti i giocatori in panchina e si era percepito il grande senso di affiatamento che si era sviluppato così rapidamente.

Poi il fischio dell'arbitro aveva dato il via alla partita. Nei primi minuti, entrambe le squadre si erano rese conto di quanto fosse speciale la situazione e di quanto non fosse familiare

giocare in un grande stadio. Dopo pochi minuti, però, Luigi Termini della scuola Giambologna era riuscito a dominare sempre di più il gioco e a mantenere il pallone nelle proprie file. Dopo qualche buona azione, la palla era arrivata a Paolo circa 15 minuti dopo, che aveva lasciato libero il suo avversario e aveva tirato in porta da 12 metri. La palla si stava già dirigendo verso la porta, ma il portiere era volato e l'aveva deviata vicino alla porta all'ultimo momento. In quel momento Luca si era reso conto ancora una volta che il suo amico e la sua squadra avevano bisogno di lui. Dalla panchina aveva urlato: "Su con la vita, Paolo! La prossima palla è dentro".

I suoi compagni di squadra lo avevano apprezzato e anche il signor Moravia aveva sorriso in direzione di Luca. La partita aveva rischiato di perdere un po' di velocità e nessuna delle due squadre aveva avuto più grandi occasioni.

Nel frattempo erano stati giocati 27 minuti. Una partita del torneo durava 30 minuti ed era giunto il momento di segnare un goal per vincere la partita. Giovanni aveva avuto un calcio e aveva colpito una palla lunga in avanti. Il difensore della scuola S. Giorgio aveva

effettivamente sbagliato la valutazione, così la palla era arrivata a Paolo che aveva solo il portiere davanti a sé. Era il momento che poteva decidere la partita.
Paolo aveva corso verso il portiere, i giocatori in panchina erano saltati in piedi e avevano iniziato a sperare che stesse davvero per accadere. Con grande abilità, il nuovo amico di Luca aveva superato il portiere e la palla si era infilata quasi comodamente in porta. La gioia degli alunni di Giambologna non conosceva limiti.

Non c'erano limiti ed erano l'uno nelle braccia dell'altro. La squadra aveva dovuto resistere per altri 2 minuti e lo aveva fatto con tutta la forza che aveva.
Dopo la partita, c'era un giocatore che aveva urgentemente qualcosa da fare. Paolo era corso da Luca e si era gettato letteralmente nel suo abbraccio. "Sai una cosa, Luca? Mi hai rincuorato e mi hai dimostrato che sei al mio fianco, anche se avresti voluto giocare da solo. Dopo l'occasione mancata, altrimenti avrei potuto nascondere la testa sotto la sabbia. L'obiettivo era anche tuo!". Il volto di Luca era raggiante e tutta la squadra era di buon umore.

Ora potevano sedersi loro

stessi sugli spalti e guardare come si sarebbe comportata la scuola Mantegna contro la Luigi XIV. Tutti avevano una piccola speranza che i grandi favoriti della Mantegna potessero inciampare e non vincere la partita. Ma ben presto era stato chiaro perché quella scuola era diventata una vincitrice seriale negli ultimi anni. I ragazzi conducevano già 3:0 dopo 20 minuti e quello che era successo dopo aveva quasi spaventato la squadra di Luca. Invece di voler segnare più goal, i ragazzi della Mantegna avevano lasciato correre la palla solo nelle loro file e, quando possibile, avevano cercato di ingannare i giocatori della Luigi XIV con particolare abilità. Nonostante l'allenatore avesse ripetutamente invitato i suoi pupilli a continuare a giocare con concentrazione, la squadra della Mantegna non aveva apparentemente preso sul serio gli avversari. Oltre al rispetto che il gioco forte aveva generato in Luca e nei suoi compagni, erano anche molto più motivati. Erano determinati a mostrare agli alunni Mantegna e a vincere il trofeo in modo equo. Dopo il primo giorno di gioco, la Scuola Mantegna era al primo posto, seguita dalla Giambologna, dalla S. Giorgio e dalla Luigi XIV.

Sono Unico e importante
per questo mondo

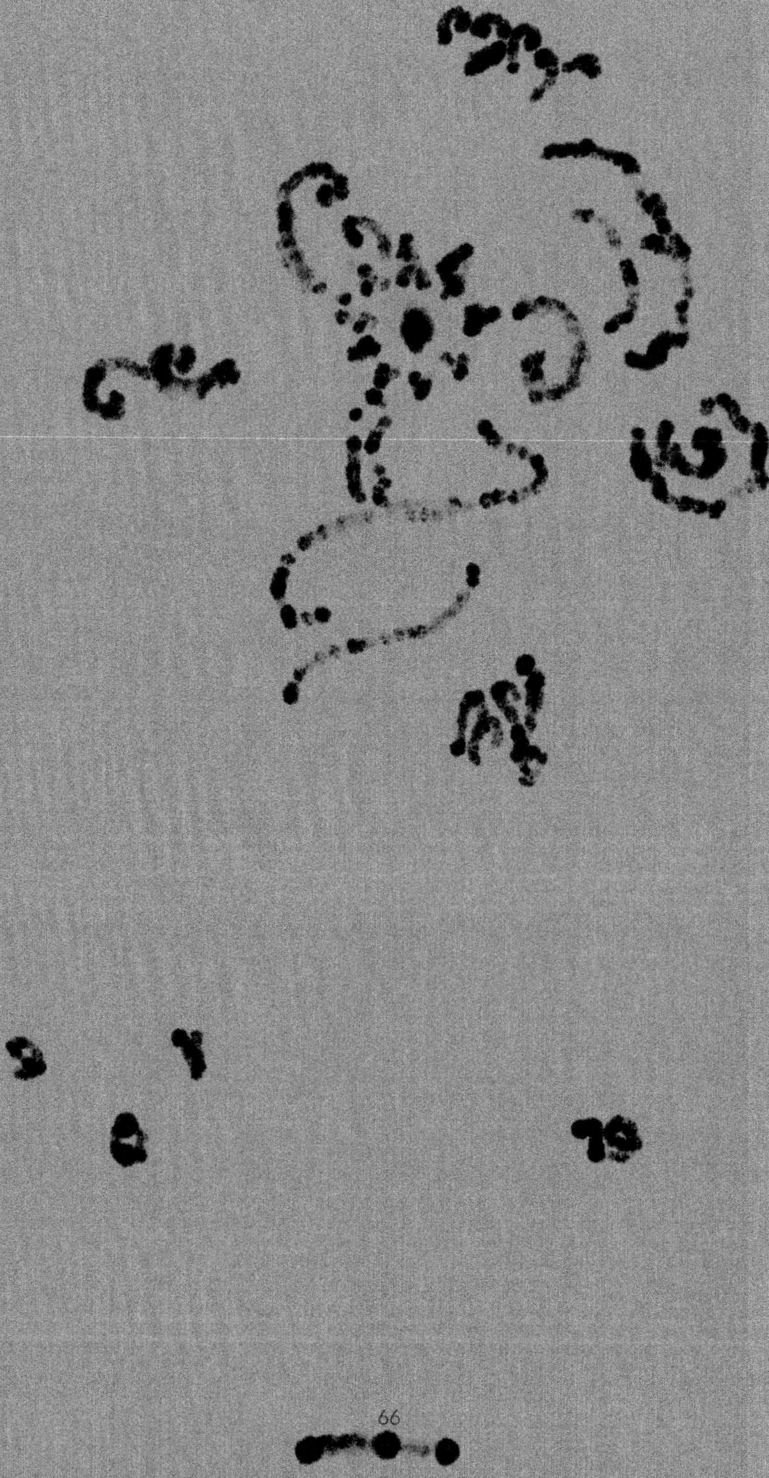

LA LESIONE

L'organizzatore aveva preso di nuovo il microfono e annunciato che ci sarebbe stata una pausa di mezz'ora prima della partita tra Giambologna e Luigi XIV. Così il signor Moravia aveva richiamato la sua squadra negli spogliatoi. L'umore era ancora buono e uno o due alunni non avevano resistito a un commento sfacciato sul fatto che non potevano permettere che qualcosa andasse storto contro la Luigi XIV. Ma il signor Moravia aveva avvertito i bambini di fare più attenzione:

"Ragazzi, avete giocato alla grande ed è stato particolarmente importante che abbiate mantenuto la

pazienza. Vorrei elogiare in particolare i nostri giocatori della panchina di riserva. Non è facile spingere la propria squadra così tanto in avanti, anche se si può essere delusi. La Luigi XIV ha appena perso chiaramente, ma se si sa anche che possono essere particolarmente pericolosi per questo motivo. Se vogliono ancora vincere il torneo, devono rischiare tutto contro di noi e affidarsi al loro attacco. La prima cosa che dobbiamo fare è rimanere saldi e evitare di subire un goal. In 30 minuti, un deficit può essere difficile da superare. Inizieremo la prossima partita con la stessa formazione. Solo in porta cambieremo, come ho detto prima della prima partita". Sarebbe una bugia dire che Luca

Non era rimasto deluso di nuovo. Naturalmente, sperava di poter giocare e mostrare le sue capacità contro la Luigi XIV. Ma alla fine il pensiero delle tante conversazioni degli ultimi giorni e delle ultime settimane aveva avuto di nuovo la meglio. Paolo lo aveva preso per un braccio mentre usciva dallo spogliatoio e gli aveva detto: "Chissà, forse sarai particolarmente importante per la nostra squadra nell'ultima partita". Dopo un breve riscaldamento, era iniziata la partita tra la

Giambologna e la Luigi XIV. Il signor Moravia aveva ragione e gli alunni della squadra avversaria avevano giocato con la rabbia nello stomaco. La sconfitta contro la Scuola Moravia non era piaciuta affatto e il modo in cui era stata interpretata li aveva fatti arrabbiare. Così i ragazzi sul lato opposto avevano cercato di mettere sotto pressione la porta di Giuseppe all'inizio. Ma i difensori erano riusciti più volte a difendere questa porta e a impedire un goal a sfavore. Poi, finalmente, si era presentata una situazione di contrattacco per la Giambologna. La palla era arrivata ad Alex, che giocava direttamente dietro a Paolo a centrocampo, ed era riuscito a mandare un abile passaggio in testa. Paolo aveva nelle ossa la sicurezza del suo goal fin dalla prima partita e questa volta aveva concluso con un tiro dall'alto. Il portiere era volato, ma non era riuscito a raggiungere il pallone, che aveva colpito l'angolo superiore sinistro della porta. Ancora una volta, gli studenti e il sig. Moravia erano rimasti entusiasti.

"Restate concentrati, ci sono ancora 10 minuti da giocare!", aveva gridato al campo. Nei minuti successivi gli studenti del Luigi XIV avevano sferrato

attacchi furiosi. Con il coraggio della disperazione, gli avversari avevano cercato di segnare, dimenticando la loro difesa. Questo aveva portato a un'altra opportunità di contropiede e una palla lunga per Paolo che aveva superato i difensori degli avversari. Paolo si era lanciato all'inseguimento del pallone, sembrava di rivivere la scena dell'1:0 della prima partita e Luca aveva quasi l'urlo del gol sulle labbra. Ma all'improvviso la corsa si era arrestata, Paolo era inciampato, caduto e aveva gridato mentre si afferrava il piede. Immediatamente l'arbitro aveva interrotto il gioco. Il signor Moravia era stato fatto entrare in campo e aveva subito chiesto: "Cosa è successo, Paolo?". "Ho preso una storta alla caviglia, signor Moravia. Credo che per me sia tutto per questo torneo. Non posso esibirmi". "Ragazzi preparatevi!", aveva gridato il signor Moravia dal campo alla panchina. Fino a quel momento Luca si era preoccupato solo del suo amico. Non si pensava che gli sarebbe stato permesso di giocare da solo. Ora era arrivato il momento e non sapeva se gli fosse consentito essere felice. Era stato bello che Paolo si fosse avvicinato a lui zoppicando e gli avesse dato il cinque e gli abbia detto: "Ora tocca a te". Guidaci alla vittoria!". A quel punto i dubbi erano stati

fugati e Luca aveva capito che adesso poteva raggiungere la vittoria per tutta la squadra. Mancavano ancora 5 minuti alla fine della partita contro la Luigi XIV e la squadra avversaria era ben lontana dall'ammettere la sconfitta. La difesa era stata costretta a intervenire più volte sui tentativi di tiro e anche Giuseppe era stato sfidato di tanto in tanto. Ma erano riusciti a respingere i successivi tentativi di attacco.

Poi Alex aveva iniziato una corsa solitaria a centrocampo e aveva superato abilmente due avversari. Si era precipitato in avanti e aveva visto solo un difensore davanti a sé. Al momento giusto, aveva passato la palla a Luca. Il suo primo contatto con il pallone era stato in direzione della porta e aveva ancora 20 metri da percorrere. L'ultimo difensore era rimasto indietro grazie all'abile passaggio di Alex e non poteva più arretrare. Luca aveva visto il portiere correre verso di lui, aveva alzato lo sguardo e con la coda dell'occhio aveva visto che Alex aveva corso con lui.

A questo punto si trattava di decidere se tirare o passare la palla ad Alex, che avrebbe dovuto colpire

solo la porta vuota. Forse erano state le numerose conversazioni e le conoscenze acquisite nelle ultime settimane ad averlo aiutato a prendere la decisione. Il giocatore aveva giocato abilmente il pallone, superando il portiere e dirigendosi direttamente verso Alex. Ad Alex era bastato un solo contatto con la palla per segnare il goal. Immediatamente, i due attori principali dell'obiettivo si erano buttati l'uno nelle braccia dell'altro. Dalla panchina, Luca aveva sentito il signor Moravia gridare: "Ottimo lavoro, ragazzi!". Ma era stato ancora più felice di sentire la voce di Paolo: "Ora vinceremo anche il torneo!", Paolo era sicuro della vittoria e continuava a fare il tifo per la sua squadra. La squadra si era riunita in un unico grappolo esultante solo pochi minuti dopo, quando l'arbitro aveva fischiato la partita. Prima di ciò, il team della squadra non aveva perso l'occasione di consolare gli studenti della Luigi XIV con alcune parole gentili e di dire loro che erano stati un ottimo avversario.

Ora si tornava sugli spalti per vedere come si sarebbe comportata la Scuola Mantegna contro la Scuola S. Giorgio dopo la vittoria per 2:0. Le speranze della Giambologna erano riposte nella S. Giorgio, perché se questa avesse pareggiato o vinto, una

vittoria nell'ultima partita contro la Mantegna sarebbe stata sufficiente per uscire vittoriosi dal torneo.
Ma ben presto le speranze si erano affievolite, perché la Mantegna aveva di nuovo preso rapidamente il comando. Dopo che il punteggio di 2:0 non si era fatto attendere, era chiaro che fosse necessaria una vittoria contro i favoriti per finire al primo posto. Il signor Moravia aveva commentato le facce tristi ancora presenti sugli spalti con la frase "Avete vinto due partite ora, non voglio vedere una sola faccia triste o volete andare subito in campo così?". Aveva ragione e spesso sapeva esattamente come colpire la nota giusta e scuotere di nuovo i ragazzi quando era necessario.

Dopo la partita e la successiva pausa, la squadra aveva avuto un po' di tempo in più prima di dover andare negli spogliatoi. Dopotutto, il duello tra la S. Giorgio e la Luigi XIV si era svolto prima della partita decisiva, anche se questa non aveva più avuto un ruolo importante. Tuttavia, durante la pausa si era verificata una situazione molto spiacevole per Luca.
Anche la squadra della Mantegna si era seduta sugli spalti e si era goduta la pausa nel grande stadio. Qualche fila

davanti a Luca, il portiere aveva preso posto e si era rivolto a Luca poco prima che il signor Moravia chiamasse la sua squadra negli spogliatoi. Come dal nulla, aveva detto: "Beh, probabilmente non hai avuto abbastanza coraggio o, probabilmente, non avreste segnato il secondo goal. Ma non preoccuparti, non avrai nemmeno una possibilità contro di me".

Luca non aveva saputo cosa rispondere, era stato quasi un sollievo quando il signor Moravia aveva chiamato "Ragazzi, ora andiamo negli spogliatoi". Durante il tragitto, Luca aveva riflettuto sulle parole del portiere che avrebbe affrontato nella partita successiva. Era stata davvero la paura il motivo per cui aveva passato la palla ad Alex poco prima del gol? Lo scopo dello sport non era forse quello di giocare per la squadra e di considerarla più importante di se stessi? Luca aveva deciso in quel momento di dimostrare al portiere che la sua squadra avrebbe avuto le sue occasioni. Una volta nello spogliatoio, il signor Moravia aveva iniziato la discussione con una domanda. "Potete immaginare che qualcosa cambierà nello stadio prima della partita contro la Mantegna?". I ragazzi lo avevano guardato perplessi, non

capendo bene cosa potesse intendere con questa domanda.

"Forse comincerà a piovere!", aveva scherzato Paolo, che era entrato nella cabina zoppicando, ma non sembrava essere troppo ferito. I ragazzi avevano riso, ma il signor Moravia si era limitato a scuotere la testa. "Ci sarà un grande cambiamento sugli spalti, forse questo consiglio vi aiuterà con la risposta", aveva infine aggiunto.

ho i miei sentimenti
sotto controllo

IL GRAN FINALE

"Signor Moravia, pensa che ci saranno degli spettatori?", aveva provato a indovinare Luca. "Bravo, Luca", aveva esordito il signor Moravia nella sua risposta e avevo continuato: "Le tue grandi prestazioni nelle prime partite non sono passate inosservate a scuola, quindi tutti gli alunni e gli insegnanti verranno subito alla partita contro la scuola Mantegna per sostenerci. Per fortuna giochiamo allo stadio e c'è abbastanza spazio per tutti. Sei emozionato?" "YAAAAA", avevano gridato i ragazzi come da un'unica bocca. Il signor Moravia aveva tenuto il suo discorso sull'ultima partita, breve come tutti i precedenti. In realtà, non aveva detto una parola su come la

squadra avrebbe dovuto giocare e quando i bambini avevano chiesto perché non l'avesse fatto, aveva solo risposto che avrebbero dovuto giocare come nelle prime partite. "L'importante ora è non avere paura ed essere coraggiosi. Cosa abbiamo da perdere? Avete ottenuto un grande risultato, a prescindere da come andrà l'ultima partita. Tutti gli altri si aspettano che perderemo contro la Mantegna perché negli ultimi anni hanno sempre vinto il torneo. Ma possiamo dimostrare a tutti che possiamo calciare almeno altrettanto bene. Quindi siate coraggiosi e vincerete, ne sono certo!".

Con queste parole, il signor Moravia aveva colto esattamente nel segno. Motivata e piena di ambizioni, la squadra della Giambologna era scesa in campo. Ciò che avevano visto guardando gli spalti aveva dato loro ancora più coraggio. Non solo tutti i loro compagni di classe e gli insegnanti erano seduti lì. Erano anche muniti di bandiere e poster fatti da loro stessi, pronti a fare un gran tifo per la squadra. "Andiamo, Giambologna, andiamo! echeggiava dagli spalti. Luca e i suoi compagni di squadra si erano sentiti delle vere star del calcio. L'atmosfera sugli spalti era quindi chiaramente

dalla parte degli studenti della Giambologna, ma tutti sapevano anche quanto i ragazzi della Mantegna potessero giocare bene quando si trattava di una partita decisiva.

La situazione di partenza prima della partita era chiara a tutti: la Giambologna doveva vincere, così sarebbe stata in testa alla classifica e vincitrice del torneo con 9 punti in 3 partite. Il pareggio era stato sufficiente alla Mantegna per allungare la sua striscia di vittorie nel torneo. L'arbitro aveva finalmente fischiato e fin dal primo minuto si era capito che entrambe le squadre erano un po' nervose. All'inizio sembrava che si trattasse di non commettere errori e quindi di non subire goal. Luca aveva avuto solo pochi contatti con la palla, poiché la partita era stata giocata prevalentemente a centrocampo. Una volta che il Giambologna si era imposto sulla fascia destra, era stato battuto un calcio d'angolo.
Il pallone era stato colpito in alto nell'area di rigore e Luca aveva visto il pallone arrivare proprio su di lui. "È il mio colpo di testa", aveva pensato tra sé e sé mentre cercava di saltare in aria. Poi improvvisamente aveva sentito un dolore e non era riuscito a

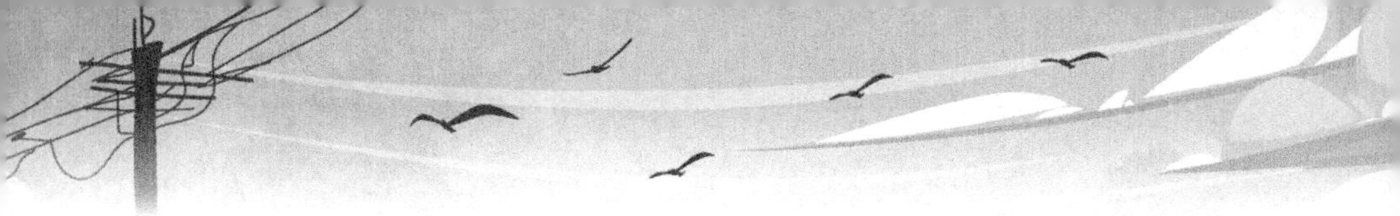

muoversi. Il suo avversario gli si era impuntato sul piede. Luca aveva gridato, ma il suo avversario lo aveva guardato solo con una risata. L'arbitro, tuttavia, aveva visto esattamente cosa era successo. Aveva suonato il fischietto e aveva indicato il punto di rigore. A questo punto erano stati giocati 17 minuti e c'era stata una grande occasione per il Giambologna di passare in vantaggio. Alex e Luca erano andati sul pallone nello stesso momento e avevano voluto tirare il rigore. Alex sembrava abbastanza sicuro di riuscire a segnare. Così Luca si era ricordato ancora una volta di quanto fosse importante lo spirito di squadra e di ciò che diceva suo padre al riguardo.

Alex aveva preso la palla e l'aveva messa sul dischetto del rigore. Aveva corso, ritardato abilmente la rincorsa e tirato la palla nell'angolo sinistro della porta. Inarrestabile! Esultanza incontenibile in campo e sugli spalti. 1:0 per la Giambologna e solo 13 minuti da giocare. L'unico rimasto lucido era il signor Moravia. Aveva gridato dalla panchina: "Ragazzi, questa sarà la fase più difficile! Dobbiamo difendere tutti insieme!". Come spesso era accaduto, il signor Moravia aveva avuto ragione. Gli allievi della Mantegna avevano fatto

tutto il possibile per pareggiare e avevano iniziato a giocare furiosamente. Più volte erano riusciti a tirare verso la porta della Giambologna. Giovanni, i difensori e anche il palo avevano fatto in modo che fosse ancora 1:0 per la Giambologna a 3 minuti dalla fine. Gli sguardi degli alunni della Mantegna diventavano sempre più aggressivi e rabbiosi e gli alunni della Giambologna rischiavano sempre più di subire il temuto goal.

Poi uno degli studenti della squadra aveva effettuato un tiro da 20 metri. Il pallone avrebbe mancato la porta se Matteo, uno dei difensori della squadra di Luca, non lo avesse deviato. Giovanni non aveva avuto scampo e la palla era finita in rete. 1-1 e la partita era finita. Luca si sentiva come in un brutto film. Non poteva essere vero. Il portiere della Mantegna si era precipitato in avanti con la sua squadra e al ritorno non aveva perso l'occasione per dare a Luca un brutto consiglio: "Non osare nemmeno tirare un rigore contro di noi! Presto sarà tutto finito e avremo vinto, come sempre!". Con questa frase, era scomparso di nuovo nel suo obiettivo. Gli allievi del Giambologna sulla panchina delle riserve avevano

in mente cose ben più importanti. Molte voci cantavano: "Rallegrati, Matteo. Può succedere a chiunque. Non potevi evitarlo". Naturalmente Matteo era distrutto dopo la palla deviata ed era stato difficile ricomporsi negli ultimi minuti. Luca aveva sentito chiaramente la voce di Paolo: "Nulla è ancora perduto. Potete ancora farlo! Ci sono ancora tre minuti da giocare". Luca aveva deciso di tirare fuori ancora una volta tutto il suo coraggio. Non c'era più nulla da perdere per lui e per la sua squadra. Anche gli spalti avevano ripreso ad applaudire, dopo che si erano inizialmente ammutoliti in seguito al goal annullato.

La Giambologna ci aveva provato con palle lunghe in avanti e si era notato ad ogni secondo che tutti i giocatori erano sempre più nervosi. Un tiro di Alex aveva mancato la porta e il portiere della Mantegna aveva impiegato un tempo supplementare per prendere il pallone in modo da poter battere il calcio d'inizio. Mancavano forse 30 secondi alla fine della partita quando Matteo aveva tirato la palla a lato con le sue ultime forze. Un difensore della Mantegna aveva cercato di allontanare immediatamente la palla, ma non l'aveva colpita correttamente. La palla era atterrata proprio ai piedi di

Luca che l'aveva presa con la coscia e aveva pensato poco, come forse non aveva mai fatto nelle ultime settimane. Era come se fosse sul campo di calcio con i suoi amici e non ci fosse nulla da perdere. Aveva colpito la palla in pieno e l'aveva sparata in modo inarrestabile nell'angolo della porta.

L'orrore degli alunni della Mantegna e la gioia pura della squadra di Luca si erano contrapposti. Gli insegnanti e gli studenti sugli spalti erano abbracciati l'uno all'altro, e il percorso di Luca lo aveva portato automaticamente alla panchina, dove aveva preso in braccio per primo Paolo.

2:1 per la Giambologna e la partita doveva finire subito. Anche il signor Moravia non riusciva a trovare altre parole di ammonizione e si era mescolato ai giocatori esultanti, che poi avevano dovuto schierarsi nuovamente in campo. La Mantegna aveva battuto il calcio d'inizio e l'arbitro aveva fischiato pochi secondi dopo. L'avevano fatto davvero e Luca era il grande eroe, non aveva pensato, aveva solo agito con coraggio e sicurezza. Aveva agito perché sapeva di essere in

grado di gestire situazioni del genere e aveva una grande possibilità. Luca aveva dimostrato ancora una volta la sua vera grandezza quando aveva visto alcuni alunni della Mantegna seduti a terra a piangere. La sua strada lo aveva condotto al portiere, al quale aveva offerto silenziosamente la mano. Lui aveva accettato e aveva detto: "Volevo farti arrabbiare, non era una cosa personale. Mi dispiace! È stato un gran goal, anche se avrei voluto che non l'avessi segnato".

Luca aveva risposto: "Sei un portiere forte, cerca di vincere con le buone la prossima volta". Entrambi avevano annuirono a vicenda e così avevano trovato la pace. Ma ora nulla impediva a Luca di andare dai suoi compagni di classe esultanti e di festeggiare con loro. La famosa onda di hola era stata fatta davanti al pubblico, composto quasi esclusivamente da alunni e insegnanti della loro scuola. Luca aveva preso Paolo tra le braccia e i due avevano capito che questo torneo e la preparazione avevano dato inizio a un'amicizia che si sperava sarebbe durata per sempre. Alla fine, tutti i ragazzi avevano cantato le lodi del signor Moravia. Il loro allenatore e insegnante, che li aveva sempre sostenuti e che aveva sempre

trovato le parole giuste, indipendentemente dall'umore dei ragazzi. Luca aveva lasciato vagare lo sguardo verso gli spalti e lì aveva visto effettivamente suo padre seduto. Con un'esultanza sfrenata, gli aveva fatto cenno di scendere. Raggiante di gioia, il padre di Luca si era avvicinato di corsa alla ringhiera della tribuna per poter parlare con il figlio. "Luca, sono così orgoglioso di te!", aveva detto all'inizio della conversazione. Luca aveva risposto: "È stato anche merito tuo, papà. Mi hai dato tanto coraggio e mi hai spiegato quanto sia importante giocare in squadra! Grazie per questo!". Entrambi erano poi caduti l'uno nelle braccia dell'altro ed era stato un momento bellissimo.

La grande atmosfera era stata interrotta nella sua esuberanza dall'organizzatore, che aveva ripreso il microfono, dicendo: "Siamo arrivati alla cerimonia di premiazione del torneo scolastico di quest'anno. Chiedo a tutte le squadre di venire da me per questo".
Le squadre si erano schierate una dopo l'altra e dopo che la scuola S. Giorgio, la Scuola Luigi XIV e la Scuola Mantegna erano state premiate per i loro piazzamenti, era finalmente arrivato il momento.

"Vorrei ora chiedere ai giocatori della Giambologna di farsi avanti per ricevere il trofeo", aveva detto l'organizzatore del torneo al microfono. Dagli spalti era partito un forte tifo verso il campo e tutte le altre squadre, senza eccezioni, avevano applaudito in modo corretto e sportivo. Ancora una volta, Luca si era sentito una vera star del calcio e aveva deciso, al più tardi a questo punto, di continuare a lavorare sul suo sogno di diventare davvero un giocatore di calcio un giorno. Voleva giocare in uno stadio come questo ogni settimana. Ma ora era il momento di godersi il momento.

Era arrivato il momento della consegna del trofeo e la squadra aveva deciso che Paolo sarebbe stato il primo ad essere sollevato in aria. Dopo tutto, non solo aveva segnato per la squadra, ma aveva anche pagato il sogno della vittoria con un infortunio. Il trofeo era stato sollevato in aria e si erano anche presi la briga di guardare attraverso gli altoparlanti per suonare la classica canzone "We are the champions". Gli allievi della Giambologna avevano ballato e cantato al ritmo della musica sul prato.

All'improvviso avevano visto un'altra persona che voleva

dire qualche parola. Era la direttrice, la signora Rosa, ad andare verso la squadra e a chiedere loro di riunirsi ancora una volta. "Sono venuto a ringraziare voi giocatori e il signor Moravia. Per quanto a volte si debba lottare a scuola per far funzionare tutto, oggi avete dimostrato quanto questa scuola sia importante per voi. Siete stati dei grandi modelli per gli studenti più giovani che hanno tifato con voi sugli spalti oggi. Ma soprattutto, siete stati grandi vincitori anche sul campo. Non avete deriso nessun avversario, ma siete stati corretti e gli avete stretto la mano. Per noi, come scuola, questo comportamento vale molto di più del successo nel gioco. Siate orgogliosi di voi stessi e festeggiate un po' di più con il signor Moravia. Per farlo, noi come scuola vi invitiamo tutti a una pizza al ristorante "La Locanda" questa sera. Qui potete davvero godervi il vostro successo e divertirvi insieme. Sono molto orgogliosa di voi e mi sento una vincitrice in questo giorno", aveva detto.

"Abbiamo vinto tutti", aveva detto Luca guardando anche il pubblico, che aveva iniziato ad applaudire in segno di approvazione.

Ich höre auf mein HerZ

BONUS

SONO
BUONO COME
SONO
SONO FELICE
IO SU TUTTI
NUOVO GIORNO
Posso fare
quasiasi cosa
creare, quello
che voglio

BONUS: BIGLIETTI DI INCORAGGIAMENTO DA STAMPARE

Scansiona subito il codice QR per le carte del coraggio:

Istruzioni:

- Stampate con i genitori e ritagliare
- Attaccatelo su un pezzo di carta robusta e mettetelo accanto al letto.
- Leggete ad alta voce con i vostri genitori prima di andare a dormire.

In questo modo potrete sempre ricordare quanto siete unici, coraggiosi e fantastici!

Impronta

Bamberger Verlag GmbH
Laubanger 14
96052 Bamberg

Questo libro contiene opinioni e idee dell'autore e ha lo scopo di fornire alle persone conoscenze utili e informative. Le strategie contenute potrebbero non essere adatte a tutti i lettori e non è garantito che funzionino per tutti. L'uso di questo libro e l'applicazione delle informazioni in esso contenute sono espressamente a vostro rischio e pericolo.

Sono espressamente escluse richieste di responsabilità nei confronti dell'autore per danni materiali o morali causati dall'uso o dal mancato uso delle informazioni o dall'uso di informazioni errate e/o incomplete. L'opera, compresi tutti i contenuti, non fornisce alcuna garanzia per l'attualità, la correttezza, la completezza e la qualità delle informazioni fornite.

Non si possono escludere completamente errori di stampa e disinformazione.

Printed by Amazon Italia Logistica S.r.l.
Torrazza Piemonte (TO), Italy

49793296R00058